Little Book of Choice Theory

あらゆる人間関係がうまくいく
選択理論の魔法

GLASSER
INSTITUTE for CHOICE THEORY【著】

矢島麻里子【訳】

ACHIEVEMENT PUBLISHING

より良い人間関係を
築くために
あなたができること

Contents

Chapter 1

選択理論ができること

Chapter 2

人間関係の習慣

Chapter 3

5つの基本的欲求

Chapter 4

あなたの上質世界

Chapter 5

知覚 ――あなたが感じること――

Chapter 6

全行動

Chapter 1

選択理論ができること

選択理論で人生は変わる

あなたは今、自分の人生に満足していますか？

仕事にやりがいを持てていますか？

協力的な人間関係が築けていますか？

自分の人生をコントロールできていると感じますか？


これらの質問にきっぱり「はい！」と答えられるようになりたいですか？

それは可能です！

あなたには、こうした人生を創造する力があり、「選択理論」がその手段を提供します。

まず、自分にこう問いかけてください。あなたは誰の行動をコントロールできますか？

答えはおわかりですね？

コントロールできるのは自分の行動だけです。

では、次の質問です。

あなたは誰の行動をコントロールしようとしていますか？

「一日中他人の行動をコントロールしようとしている」と答える人がほとんどかもしれません。

他人をコントロールしようとしているとき、それに気づかせてくれるのが選択理論です。この理論は、状況改善のためにあなた自身ができることに焦点を移すよう導きます。

選択理論をよく理解し、一貫して実践すれば、ほとんどの人間関係を改善できます。

選択理論は、より良いリーダー、教師、配偶者、友人になる後押しをするとともに、あなたの人間関係で最も大切なあなた自身との関係の改善にも役立ちます。

選択理論は、人間の行動のメカニズムを解明するものとして始まりました。そして、人々が自らの支配的な考えや行動を変え、修正するのを助けるメソッドへと発展してきました。今では、満ち足りた人生を送るためのかけがえのない指針として、多くの人に活用されています。

また、メンタルヘルスやアンガーマネジメント、ストレス管理、夫婦関係、子育て、更生指導、薬物・アルコール依存治療、里親制度、リーダーシップ、チームビルディング、ダイバーシティなど、さまざまな分野に応用されています。

選択をコントロールするのはあなた

選択理論の目的は人間関係の改善にとどまりません。人生のあらゆる側面にこの理論が応用できます。よくよく考えれば、あなたが抱える葛藤の大半は人との関係が原因ではないでしょうか？

まず何より、選択理論は希望とエンパワーメントのモデルであり、逆境を乗り超える力と自信を身につける鍵となります。

大前提として、あなたは何も悪くありません。人生がどれほど困難でも、決してくじけずに、置かれた状況でただひたすら最善を尽くしているのですから。

選択理論は、まず、自分でコントロールできることに集中するよう促します。無力な立場から自分の人生の舵を取れるようになるまでを後押しするのです。

あなたの身に起きたことはあなたの責任ではないかもしれません。ですが、そ

れについて何をするか、選択をコントロールするのはあなたです。そして、あなたが選択する行動によって、他の人たちがそれぞれの欲求を満たすのを妨げずに、あなた自身の欲求を満たせるようになるのです。

自分がコントロールできるものを把握すること、それが自分の人生の舵を取るための第一歩です。

次のエクササイズに取り組んで、あなたが一日を通して影響を及ぼそうとしている状況を把握してください。あなたはコントロールできないことをコントロールしようとして、多くの時間を無駄にしていませんか？

自分がコントロールできるもの
を知るのが
人生の舵を取る第一歩

Exercise

1

あなたがコントロールできること

次のページからは、日々の生活の中であなたが遭遇するであろう5つのシーンを記載しています。

それぞれの状況への対応策を見て、あなたがコントロールできるものに○印を付けてください。

その後、各ページの選択肢の下にある正解に目を通してください。

あなたは自分がコントロールできないことばかりに多くの時間を費やしていませんか？

Scene 1

プロジェクト

あなたは数人のグループでプロジェクトに取り組んでいるメンバーです。このプロジェクトは学校の授業や、仕事、家事に関するものかもしれません。次のうち、あなたが直接コントロールできるものはどれですか？

A グループの各メンバーへの作業の振り分け方

B あなたの作業量

C 他のメンバーの作業量

D あなたが行う作業の質

E 他のメンバーのプロジェクトでの役割の果たし方

Answers A—×、B—○、C—×、D—○、E—×

Scene 2

食事

あなたは健康に良い食事を心がけていますが、家族は食事に無頓着です。次のうち、あなたがコントロールできるものはどれですか？

A 食料品店であなたが何を買うか

B あなたがいないときに家族が何を食べるか

C 夕食に何をつくるか

D 家族で外食するときに家族が何を食べるか

E 子どもがあなたと食事に出かけるかどうか

Answers A―○、B―×、C―○、D―×、E―×

Scene
3

上司との関係

あなたの上司は要求がとても厳しく、残業を頻繁に求めます。次のうち、あなたがコントロールできるものはどれですか?

A　オフィスに遅くまで残るかどうか選択する

B　適度な時間に帰宅できるように上司の仕事のやり方を変える

C　勤務形態の変更を求める

D　上司をクビにする

E　もっと自分の都合に合った仕事を見つける

Answers　A―○、B―×、C―○、D―×、E―○

Scene 4

パートナーとの関係／夫

あなたは夫がお酒を飲み過ぎだと考えていますが、夫は問題を自覚していません。次のうち、あなたがコントロールできるものはどれですか？

A 問題を抱えていることを夫に認めさせる

B 夫がもう十分に飲んだと思ったら宴席を後にする

C パーティーで夫にお酒を飲むのをやめさせる

D お酒の出る席に夫と出かけるかどうか選択する

E 夫に頼まれたら夫を手助けする

Answers A—×、B—〇、C—×、D—〇、E—〇

Scene 5

パートナーとの関係／妻

あなたの妻は、あなたが参加したいイベントによく遅れます。次のうち、あなたがコントロールできるものはどれですか？

A 妻に身支度を急がせる

B 妻を辛抱強く待つ

C 外見は重要でないと妻を納得させる

D 妻がそのイベントに出向くための別の交通手段を手配する

E あなたが手配した交通手段を妻に使わせる

Answers A―×、B―〇、C―×、D―〇、E―×

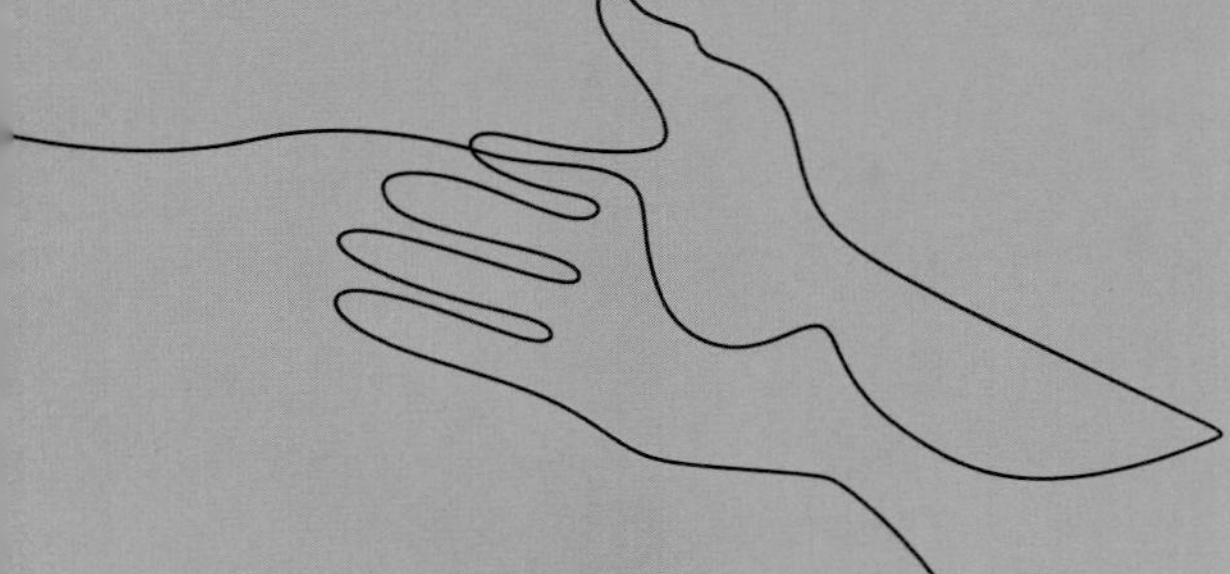

Chapter 2

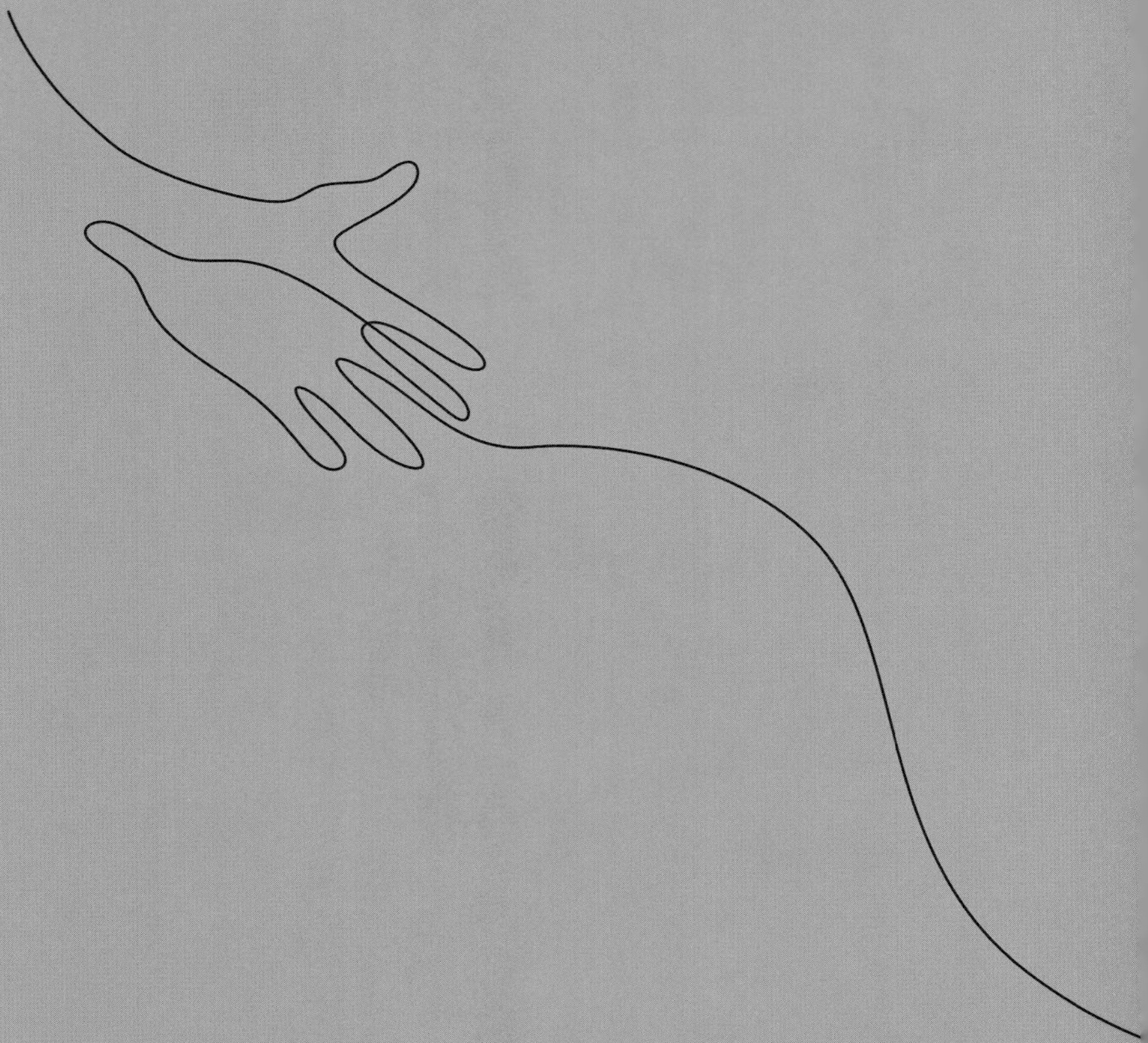

人間関係の習慣

相手をコントロールしようとするリスク

選択理論では、大切な人との人間関係が幸福には不可欠であると考えます。本人がやりたいことを応援せずにあなたが望むことを大切な人に押し付けると、問題が生じ始めます。気づかぬうちに、あなたは相手との関係を土台から少しずつ壊していくのです。

たとえば、誰かに文句を言うとき、あなたは実際何をしようとしていますか？

相手が変わることを望んでいませんか？

誰かの行動を責めたり批判したりするときはどうですか？

文句を言ったり、批判したり、責めたりするとき、あなたは相手が何をすべきか自分にはわかっていると思い込み、相手にそれをさせようとしています。ですが多くの場合、相手はあなたが何を望んでいるのか知りながら、従いたくないのです。

しかし、思い込みを改め、それは自分の望みであって相手の望みではないと認めると、少し違った角度から状況を見られるようになります。もしそれを望んでいるのがあなたなのだとしたら、その実現の責任はあなたが負うべきかもしれません。

こうした状況では、相手にとってそれがどれほど重要か相手に話したうえで、一緒に詳細を詰めるのが有効です。一見難しい、あるいはありふれた方法に思えるかもしれませんが、コントロールされたくないと思っている相手をコントロールしようとするよりも、はるかに簡単です。

他人の行動を変えたいと思うのはよくあることですが、それには代償が伴います。

あなたが相手をコントロールしようとするたびに、あなたと相手の関係は悪化します。繰り返しますが、これは個人的な人間関係にも仕事上の人間関係にも言えることです。

選択理論では、7つの「人間関係を壊す*習慣」があると考えます。

- **批判する**
- **責める**
- **罰する**
- **脅す**
- **文句を言う**
- **ガミガミ言う**
- **褒美で釣る**

この7つ以外にもこうした習慣はたくさんありますが、趣旨は把握できたでしょう。

* グラッサー博士はこれらの習慣を「人間関係を壊す（Disconnecting）」習慣ではなく「致命的な（Deadly）」習慣と呼びました。しかし、選択理論のグラッサー・インスティテュートでは、前者を使うことを選択しました。米国以外の一部の国では、「致命的（deadly）」という言葉に相反する定義があるからです。

これらの代わりに、次に挙げる7つの「人間関係を築く*習慣」を取り入れることができます。

- 傾聴する
- 支援する
- 励ます
- 尊敬する
- 信頼する
- 受容する
- 違いを交渉する

このリストに追加できるポジティブな行動は他にもたくさんありますが、この7つが手始めにふさわしいでしょう。

＊グラッサー博士はこれらの習慣を「人間関係を築く（Connecting）」習慣ではなく「思いやりの（Caring）」習慣と呼びました。

相手を支援し励ます気持ちのつくり方

周りの人の話に耳を傾ける、それも真剣に耳を傾けると、何が起きるでしょうか？

相手を支援し励まそうという気持ちになるかもしれません。

相手があなたの望むことをしているなら、支援し励ますのは簡単です。たとえば、子どもがやりたいことを支援すると、どうなると思いますか？　もちろん、有害なことを支援する必要はありません。

仮に、あなたは娘さんにアイススケーターになってほしいのに、本人はミュージシャンになりたかったとします。娘さんがバンドのメンバーと過ごす時間が長すぎることで親子ゲンカが絶えません。

もしあなたが娘さんのミュージシャンになる夢を支援し始めたとしたら、親子関係がどう変化すると思いますか？

あなたが特に望まないことを相手がするのを支援し励ますと、逆説的ですが、あなたと相手の関係は強くなります。

では、このあと紹介するエクササイズに取り組んで、あなたの人生に影響を与えた人があなたにどう接していたか振り返ってみましょう。

その人があなたに接したようにあなたが他の人に接したとしたら、人生がもっと楽になるとは思いませんか？

Exercise

2

あなたの好きな人

あなたの好きな先生やコーチ、大人を1人思い浮かべてください。

その人はどのような環境をつくり出していましたか？

あなたにどう接していましたか？　あなたはその人にどう接していましたか？

その人といるとき、あなたは……

どんな行動を取っていましたか？（どのように振る舞っていましたか？）

何を思っていましたか？

どんな感情を抱いていましたか？

その人はあなたや他の人たちに、教室で、現場で、家庭で、どのように語りかけていましたか？

その人は何を期待していましたか？

あなたに
クラスに
チームに

その期待をどのように共有していましたか？

あなたは何を自分自身に期待していましたか？

クラスで
チームで

その人といるとき、あなたはふだんと違った振る舞いをしていましたか？

好きな人があなたに接したように、あなたがあなたの大切な人に接したとしたら、何が起きるでしょうか？

どうすれば大切な人をもっと大事に扱うことができますか？

その人に対する考え方や話し方をどう変えられますか？

その人とあなたの関係に何を期待していますか？

その期待を実現するために、あなたの行動をどう変えられますか？

大切な人に接するとき、「人間関係を築く習慣」をどうすればもっと取り入れられますか？

人間関係を壊す習慣

- 批判する
- 責める
- 罰する
- 脅す
- 文句を言う
- ガミガミ言う
- 褒美で釣る

人間関係を築く習慣

- 傾聴する
- 支援する
- 励ます
- 尊敬する
- 信頼する
- 受容する
- 違いを交渉する

大切な人を大切にするために
あなたができること

Chapter 3

5つの基本的欲求

5つの基本的欲求を理解する

選択理論では、人間には5つの基本的欲求があると考えます。

- **生存の欲求**
- **愛・所属の欲求**
- **力の欲求**
- **自由の欲求**
- **楽しみの欲求**

この5つの欲求を誰もが持っていますが、その度合いは人によって異なります。それぞれの欲求の相対的な強さは生まれもった性格と気質で決まり、それを満たす能力は生活環境によって変化します。

5つの基本的欲求

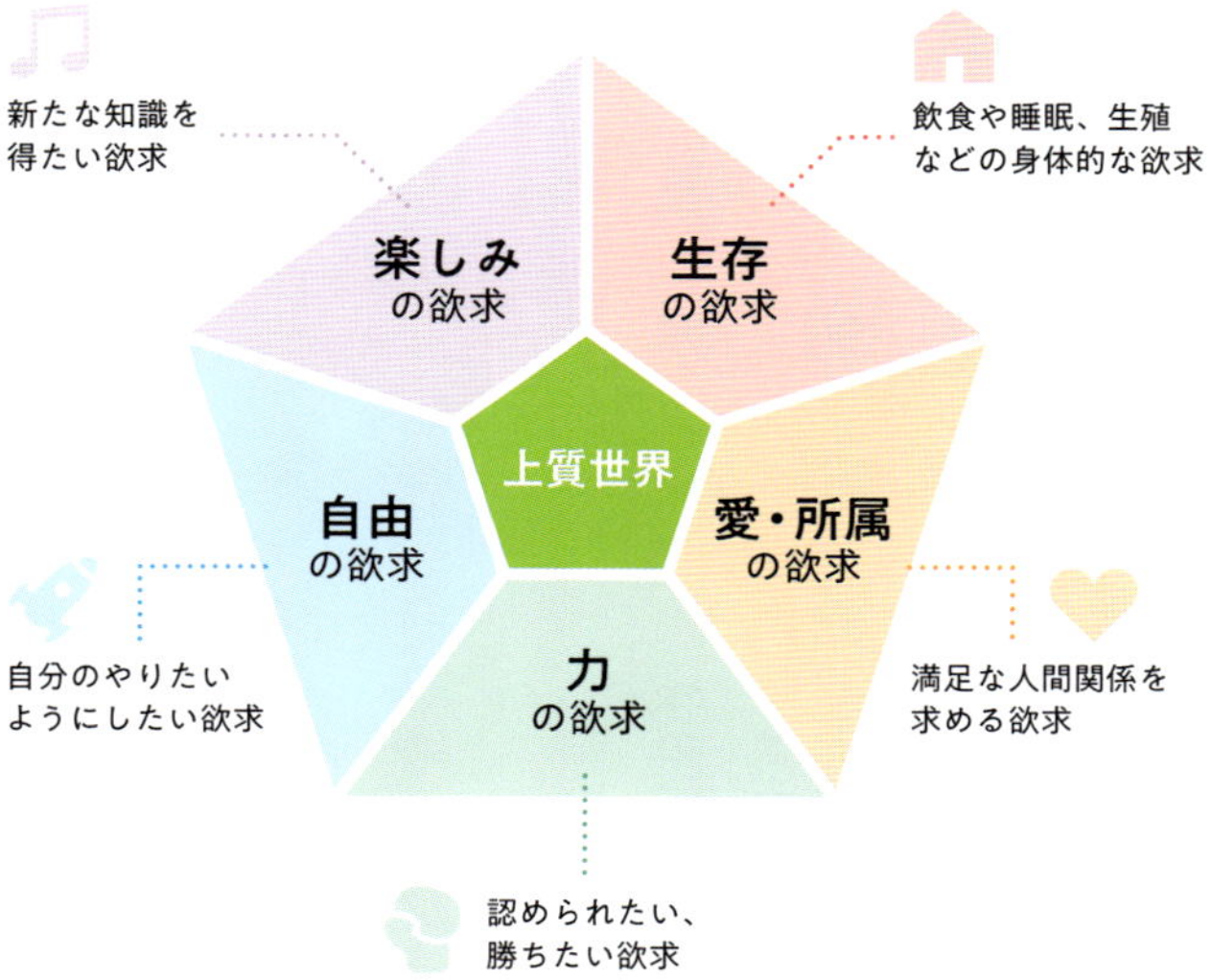

5つの基本的欲求

生存の欲求

Survival

第1の欲求は「生存」です。誰もが食べ物や居場所を確保して、この欲求を満たそうとします。健康維持や種の保存のためのセックスも生存の欲求を満たす方法に数えられます。

安心や安全を求めるのも生存の欲求です。

食べ物も住む場所もあって健康ならば、自分には生存の欲求はあまりないと思うかもしれません。

ですが、身体的・情緒的安全や経済状態にリスクを抱え

る可能性はありませんか？

生存の欲求が強い人は、リスクをあまり取ろうとせず、今の行動が将来の自分に及ぼす影響を考える傾向にあります。

老後の生活を楽しむために運動や貯金に励むでしょう。

生存の欲求が弱い人は、今この瞬間を生きています。お金は貯めるよりも積極的に使うほうで、リスクを取るとエネルギーが湧いてきます。

愛・所属の欲求

第2の欲求は「愛・所属」です。誰もが多かれ少なかれ親密さや人とのつながりを求めています。人がさまざまな組織に参加するのは、居場所があると感じたい欲求があるからです。

愛・所属の欲求が強い人は、人付き合いを楽しむため、友情を求めます。また、人生のパートナーとの結婚を強く望むかもしれません。争いごとも好まないでしょう。

愛と所属の欲求が強くて不都合なこ

とは何もないと思うかもしれませんが、それゆえに家族の問題に悩まされる可能性はないでしょうか？

また、この欲求が強い人との間でもめごとが起きると、身の危険を感じることになりかねません。

愛と所属の欲求が弱い人も、人生に人とのつながりを求めますが、友人と出かけるよりは家で好きな本を読んで過ごしたいかもしれません。

この欲求が弱い人は、他人に対して割と気軽に頼みごとができ、人間関係にさほど情緒的安心感を求めないでしょう。

力の欲求

第3の欲求は「力」です。自分は有能で、成功し、重要な存在だと感じたい欲求を、誰もがある程度持っています。

功績を認められたい、勝ちたいという欲求が強い人もいれば、人に影響を与えたい、影響力を持ちたいという欲求が強い人もいます。

力の欲求の満たし方には、健全な方法と不健全な方法があります。選択理論を活用すれば、他人をコントロールしたり、脅したり、操ったりせずに、この欲求を満たす方法を見つけることができます。

力の欲求が強い人には、正しくありたい、有能でありたい、尊敬されたい、影響力を持ちたい、と考える特徴があります。

一方、力の欲求が弱い人は、他人の評価をあまり気にしません。取り組みを主導するよりも、チームの一員、あるいは裏方として働くことに喜びを感じます。

Power

選択理論は、他人を犠牲にして自らの基本的欲求を満たすのを避けるよう説いています。力の欲求を満たす場合は、特に注意が必要です。

他人に力を振るって欲求を満たした経験があなたにもあるかもしれません。しかしそれに勝るとも劣らない効果があって、人と一緒にあるいは自分ででき
ることを見つければ、力を振るわなくてもこの欲求を満たせます。

前の章で学んだ「人間関係を築く習慣」を思い出してください。

他人に対する力の欲求をみんなのためになるものに変えるために、「人間関係を築く習慣」をどのように活用できますか？

自由の欲求

第4の欲求は「自由」です。誰もが自分の選択で人生の舵を取りたいという基本的欲求を持っています。他人からの外的コントロールに抵抗するのも、自由の欲求があるせいです。

自由の欲求が強い人は、自分のやり方を貫くことを好み、現状に疑問を投げかけ、他人が理解し受け入れるのが難しいイノベーションや可能性を考え出します。

強い自由の欲求は、人から離れて過ごしたい、枠にはまらずに行動したいという願望にも表れます。

自由の欲求が強い人は、他人にかまわず自分のビジョンを追求しているように見えるため、「型破り」とか「自己中心的」といった印象を与える場合もあります。

自由の欲求が弱い人は、現行の制度や基準の信頼性に満足しています。

新しいルールやイノベーションを生み出したいという願望はあまりありません。現状に満足し、変化に抵抗します。

あなたの自由の欲求について考えてみましょう。たとえ型破りな選択でも、自分の満足のいくやり方を貫きたいと強く感じますか？

Freedom

Fun

楽しみの欲求

第5の欲求は「楽しみ」です。誰もがこの欲求を満たす自分なりの方法を見つけています。楽しみ方はさまざまで、人は一生楽しむことをやめません。楽しみはたいてい笑いを伴いますが、この欲求を満

たす方法は、本人の性格や他の欲求の強さによっても異なります。

多くの人は、好きな活動を楽しんだり、パーティーに出かけたり、グループ活動やスポーツに参加して、この欲求を満たそうとします。

一方で、静かに楽しむのが好きな人もいます。本を読んだり、パズルを解いたり、釣りをしたり、友人や家族とおしゃべりしながらのんびり過ごすだけでも、楽しみの欲求を満たせるでしょう。

グラッサー博士は、学ぶことも楽しみの欲求を満たす方法だと考えました。楽しみを学びのご褒美と見なしたのです。また、夫婦がお互いのことを知るときにも楽しみの欲求を満たしていると考えていました。

さまざまな楽しみ方を検討してみると、楽しみの欲求が強い人は、よく笑ったり、静かに余暇を過ごしたり、学びに貪欲であったりすることが多いようです。

あなたの楽しみの欲求はどのくらいの強さだと思いますか？　人と一緒に活動する従来の楽しみの定義をもっと広げて考えてみましょう。あなたは学ぶことや静かに余暇を過ごすことを楽しんでいますか？

SUMMER

自分の基本的欲求を満たそう

　自らの5つの基本的欲求を満たすのは、すべての人の役目です。あなたの個人的な基本的欲求の強さは生涯を通して変わりませんが、その欲求を満たす能力は状況によって変わる可能性があります。人生のさまざまなステージで、それぞれの欲求の優先度が変化したように感じられるかもしれません。

　自分にとってどの基本的欲求が最も優先度が高いかを理解することが、ストレスに満ちた時期を乗り切る支えとなるものを見つける出発点となります。

　これらの欲求がどのくらい満たされているか常に意識すれば、満ち足りた人生に近づくことができるでしょう。

　このあと紹介するエクササイズに取り組んで、あなたの基本的欲求の相対的な強さを判定してみましょう。

Exercise

3

あなたの基本的欲求

次のページ以降に記載した表の各項目が自分にどの程度当てはまるか直感で評価してください。

最も自分から遠いものを1、最も自分に近いものを5として、該当する数字を〇で囲みます。

その後、〇で囲んだ数字を足し合わせて、基本的欲求の各表の合計点を出しましょう。

生存の欲求

生存の欲求	評価スケール					点数
シートベルトは必ず締める	1	2	3	4	5	
お金は使うより貯めるほうだ	1	2	3	4	5	
リスクはほとんど取らない	1	2	3	4	5	
新しいもの・考え・人を警戒する	1	2	3	4	5	
運動が生活に欠かせない	1	2	3	4	5	
どんな変化も好まない	1	2	3	4	5	
健康のため食事に気をつけている	1	2	3	4	5	
いつでも安心していたい	1	2	3	4	5	
健康維持が最優先だ	1	2	3	4	5	
支払いのためのお金が十分にあるか気になる	1	2	3	4	5	
	合計点					

愛・所属の欲求

愛・所属の欲求	評価スケール					点数
人と過ごす時間が楽しい	1	2	3	4	5	
さまざまなグループに参加している	1	2	3	4	5	
争いごとを好まない	1	2	3	4	5	
人間関係を大事にしている	1	2	3	4	5	
人付き合いがほとんど苦にならない	1	2	3	4	5	
チームの一員として人と仕事ができるのが嬉しい	1	2	3	4	5	
恋愛やパートナーとのスキンシップが好きだ	1	2	3	4	5	
大切に思う気持ちを相手に伝えることを大事にしている	1	2	3	4	5	
人に受け入れられることがとても重要だ	1	2	3	4	5	
人によく応援を求める	1	2	3	4	5	
♥					合計点	

力の欲求

力の欲求	評価スケール					点数
自分にはさまざまなスキルと能力がある	1	2	3	4	5	
何事にもベストを尽くすほうだ	1	2	3	4	5	
負けず嫌いだ	1	2	3	4	5	
功績を認められたい	1	2	3	4	5	
周囲から尊敬されたい	1	2	3	4	5	
レガシーを残すことがとても重要だ	1	2	3	4	5	
たいていの場合、自分は正しくなければならない	1	2	3	4	5	
物事をコントロールするのが好きだ	1	2	3	4	5	
人から注目されるのは気分がいい	1	2	3	4	5	
高価なものを身につけると自分は重要な存在で影響力があると感じられる	1	2	3	4	5	
					合計点	

自由の欲求

自由の欲求	評価スケール					点数
ルールに疑問を抱くことが多い	1	2	3	4	5	
選択肢がないと思うとイライラする	1	2	3	4	5	
指図されるのが嫌いだ	1	2	3	4	5	
ひとりの時間を楽しんでいる	1	2	3	4	5	
いつでも自分のやり方を貫きたい	1	2	3	4	5	
自分には創造力がある	1	2	3	4	5	
急に思い立って何かをするのが好きだ	1	2	3	4	5	
独立していることが自分にとって大事だ	1	2	3	4	5	
変化を楽しむ	1	2	3	4	5	
縛られるとストレスを感じる	1	2	3	4	5	
	合計点					

楽しみの欲求

楽しみの欲求	評価スケール					点数
よく笑う	1	2	3	4	5	
楽しめる趣味がたくさんある	1	2	3	4	5	
新しいことを学ぶのは楽しい	1	2	3	4	5	
大変なときも楽しもうと心がけている	1	2	3	4	5	
面倒な仕事を楽しみに変えられる	1	2	3	4	5	
人を笑わせるのが生涯の使命だ	1	2	3	4	5	
何でも笑いの種にできる	1	2	3	4	5	
遊び心がある	1	2	3	4	5	
自分を笑い飛ばせる	1	2	3	4	5	
物事や人との関係を楽しむことを大事にしている	1	2	3	4	5	
♫	合計点					

基本的欲求の各表の〇で囲んだ数字を足し合わせてみましょう。合計点が最も高かったのはどの欲求ですか？　その結果に驚きましたか？

なお、この評価は科学的に有効性を認められたものではなく、それぞれの欲求が強い人の潜在的性格について大まかなイメージを伝えるものにすぎないことに留意してください。

人はこうした欲求に基づいてさまざまな行動を起こしますが、リストにある項目は考えうる行動のほんの一例にすぎません。つまり、あなたのふだんの行動や一般的な思考がこの評価項目に含まれていない可能性もあります。そのため、特定の欲求がここで導かれた結果よりも実際はもっと強いことも考えられます。

基本的欲求にはそれぞれ重なる部分もあり、その満たし方は多岐にわたります。どの欲求に当てはまるかを問わず、どのような行動や思考をすれば心地よさを感じ、緊張が和らぐかに注目することが大切です。

Chapter 4

あなたの上質世界

上質世界はあなたそのもの

あなたの「上質世界（Quality World）」は、記憶の中に存在するあなた独自のものです。そこには、あなたの基本的欲求を今まで満たしてきたか、この先満たすと思われる個人的なイメージ写真が収められています。

欲求の評価を終えて、基本的欲求があなたの選択する行動にどう影響を及ぼすか理解できたでしょう。こうした個人的な欲求を満たす最上のイメージ写真が、あなたの「上質世界」を形成しています。

上質世界を知っていい気分になろう

上質世界のイメージ写真には次のものが含まれます。

- 一緒にいたいと思う人
- 最も所有したい、経験したいと思うもの
- 自分にとって大切な場所や訪れたい場所
- 行動の多くを支配している考えや信条

あなたの上質世界にあるイメージ写真は、現実、完全な空想、もしくはその中間にあるものを表しています。

ポジティブな感情が生じるのは、その瞬間に経験していることが上質世界のイメージ写真と合致しているしるしです。合致したイメージ写真が常識破りな欲求の満たし方を表したものであっても、気分は良くなります。

たとえば、生存の欲求が強い人は、将来に備えて貯蓄したいと考えます。老後にお金の心配をせずに済むよう年金口座に拠出するでしょう。

その人の上質世界のイメージ写真には、経済的に安定している老後の自分の姿があります。

たくさん旅をして、人生を心から楽しんでいる自分が写っているかもしれません。

このイメージ写真は、将来貯金が底をつく心配のないように、今からお金の使い方に十分気をつけるようその人を導くでしょう。

人間関係を壊す習慣を避ける

アルコール依存症の人は、飲酒を「欲求を満たす手段」と見なします。

アルコールを自分が利用できる最善の対処法と捉えるのです。

友人と出かけて、お酒を飲みながら楽しい時間を過ごすイメージ写真を持っているのかもしれません。

しかし、アルコール依存症の場合、イメージ写真から友人の姿が消え始めてもアルコールのイメージだけは残ります。

アルコール依存症の人は、アルコールのイメージ以外はすべて、家族の姿でさえも、自分の上質世界から消し去れるのです。

多くの親が抱く最大の不安の一つは、子どもが薬物やアルコール依存に陥ることです。十代の若者の多くが薬物やアルコールを試すと予想されます。ではどうすれば、あなたのお子さんが依存症に陥るリスクを減らせるでしょうか？

十代の子どもが薬物やアルコールを乱用し始めたとき、親にできる最も効果的な対応は、「人間関係を壊す習慣」を避け、事あるごとに「人間関係を築く習慣」を実践することです。子どもと良好なつながりを保つことが、子どもの上質世界に親がとどまり続ける最善の道です。

それでも、しばらくはお子さんを「失う」かもしれません。しかし、薬物やアルコールが子どもの上質世界を完全に埋め尽くすのを阻む最大の頼みの綱は、親であるあなた自身なのです。

Exercise 4

上質世界を可視化しよう

あなたの上質世界にはどのようなイメージ写真がありますか？

このエクササイズの目的は、あなたの上質世界を構成するイメージ写真を可視化することです。そうすればポジティブな感情を引き出すものを自覚できるようになります。それでは、まずはあなたが持っている友人や家族の写真を集めるところから始めましょう。

その後、インターネットを検索して、あなたの心に訴えかけるイメージ写真を見つけてください。５つの基本的欲求それぞれに関連するキーワードを入れて探すとよいでしょう。たとえば、「楽しんでいる人たち」「高級車」「創造性」といったワードで検索してみましょう。

あなたの心に訴えかける写真が見つかったら、次に当てはまるイメージ写真をそれぞれ選んでください。

- **一緒にいたいと思う人**
- **最も所有したい、経験したいと思うもの**
- **自分にとって大切な場所や訪れたい場所**
- **行動の多くを支配している考えや信条**

これらのイメージを組み合わせてコラージュをつくります。パソコンの画面上でもポスターボード上でもかまいません。

自分にとって大切なことを思い出すためのリマインダーとして使ったり、たびたび見直したりできるよう、これを常に手元に置いておきましょう。

一緒にいたいと思う人

あなたのイメージ写真を
貼ってみよう

最も所有したい、経験したいと思うもの

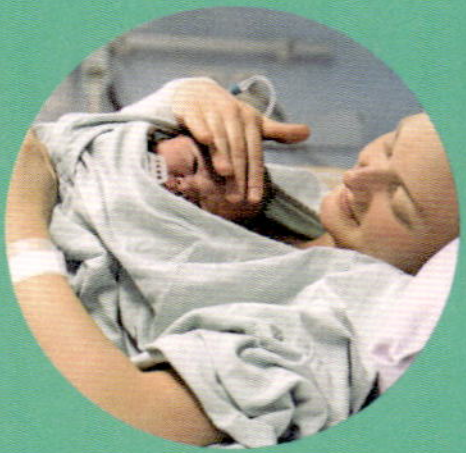

あなたのイメージ写真を
貼ってみよう

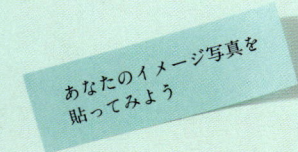

自分にとって大切な場所や訪れたい場所

あなたのイメージ写真を
貼ってみよう

行動の多くを支配している考えや信条

あなたのイメージ写真を
貼ってみよう

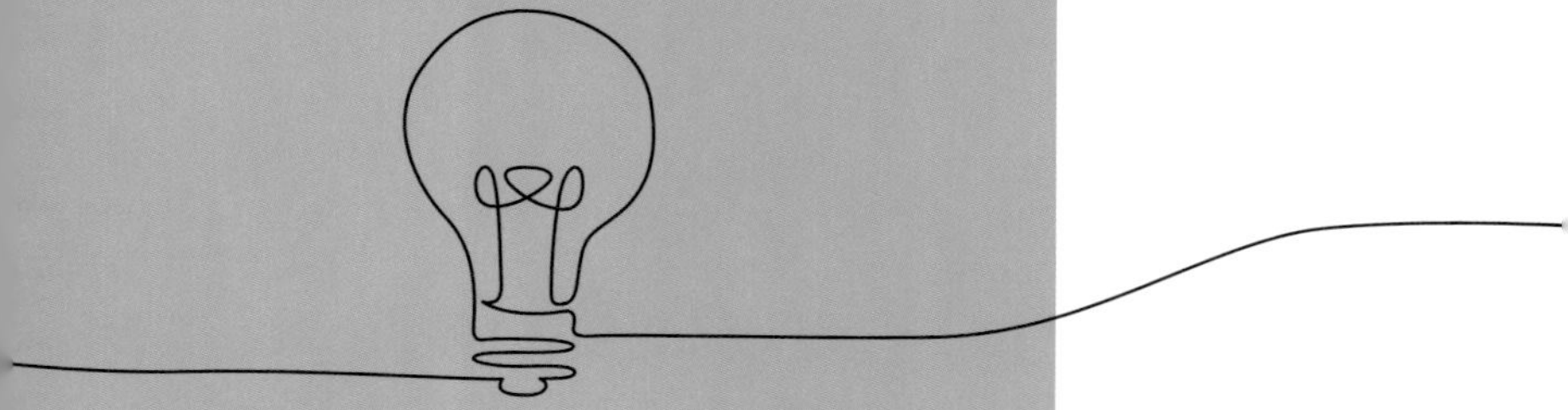

Chapter 5

知覚 ——あなたが感じること——

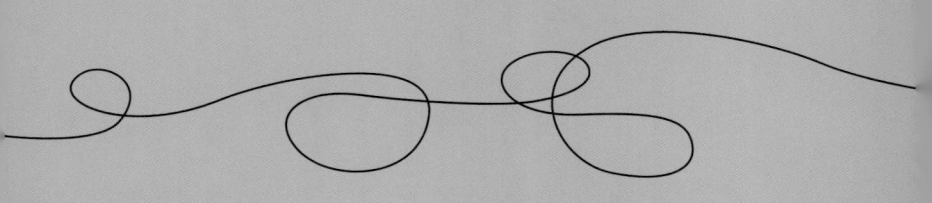

自分ならではの知覚を探ろう

さまざまなイメージ写真は、上質世界にどのように収められるのでしょうか？

イメージ写真はあなたの経験によってつくられますが、経験の知覚の仕方は人によって異なります。

たとえば、友人と映画へ行き、それぞれが映画にまったく違う印象を持ったことはありませんか？

一方は、映画に出てくる下品な言い回しや暴力シーンのせいで、映画のメッセージを十分くみ取れなかったかもしれません。

もう一方は、スクリーンで見聞きしたものを度外視して、映画のメッセージに感動したかもしれません。

この違いの原因は何でしょうか？

知覚の仕方は人それぞれ違います。正確な知覚と不正確な知覚があるというのが通説ですが、実際は、一人ひとりが自分だけに当てはまる独自の知覚を持っています。

では、何がその違いをもたらすのでしょうか？

知覚に影響を与える第1の要因は、感覚器官です。

あなたの視覚、聴覚、味覚、触覚、嗅覚はどのくらい優れていますか?

知覚される情報は、こうした五感と同じくらい正確ですが、その情報を受け取るときの集中力によっても左右されます。


情報の知覚の仕方に影響を与える第2の要因は、予備知識です。

選択理論では、この影響を「知識のフィルター」と呼びます。これは、あなたの持つすべての知識に照らして新しい情報を位置づけることを意味します。

知識が多いほど、置かれた状況や取りうる選択肢を理解できる可能性が高まるのです。

知覚に影響を与える最後の要因は、個人の価値観と信条です。

自分が正しくて相手が間違っていると信じている限り、お互いに決して歩み寄れません。

見方が違うというのは、どちらかが正しいとか間違っているとかではなく、ただ違うだけなのです。

あなたが相手の知覚の背後にある価値観と信条を理解しようとしたら、何が起こるでしょうか？

友人の見方をもっとよく理解できるようになると思いませんか？

それが友人との関係にどのような影響を及ぼすでしょうか？

Exercise 5

自分の知覚を理解する

人は自分にとって納得できる、筋が通っていることから知覚をつくり上げます。しかし、あなたにとって正しいからといって他人にとってもそうとは限りません。

たとえば、あなたは愛・所属の欲求が強いほうだとしましょう。毎週末友人と出かけ、定期的に人と交流することを大切にしています。

グループで集まるときは、仲間とつながることに時間を割くあまり、他のことがつい後回しになります。

では、時計の針を数年先に進めて、あなたに息子さんがいるとしましょう。愛・所属の欲求がとても弱い子で、家でひとりでビデオゲームをして遊ぶことに十分満足しています。あなたは他の子どもたちがサッカーチームで一緒にプレーを楽しんでいるのを見ては、いつもひとりきりで友だちがほとんどいないわが子に気をもんでいます。

あなたは息子さんがかわいそうだと思いますか？　幸せを感じるために必要なことは誰が決めるのでしょうか？

ここで、エクササイズ3の欲求評価の結果を振り返ってください。合計点が最も高い欲求と最も低い欲求は何でしたか？　それらの欲求の度合いによってあなたがつくり上げてきた知覚や価値観を書き出してみましょう。

次に、あなたの大切な人たちを思い浮かべてください。その中で、あなたと欲求の優先度が正反対の人はいませんか？

あなたの知覚が、その相手を十分理解するのを妨げてきませんでしたか？

あなたの知覚が、その相手との衝突を生み出してきませんでしたか？

こうした違いに気づいた今、その相手との向き合い方をどう変えられますか？

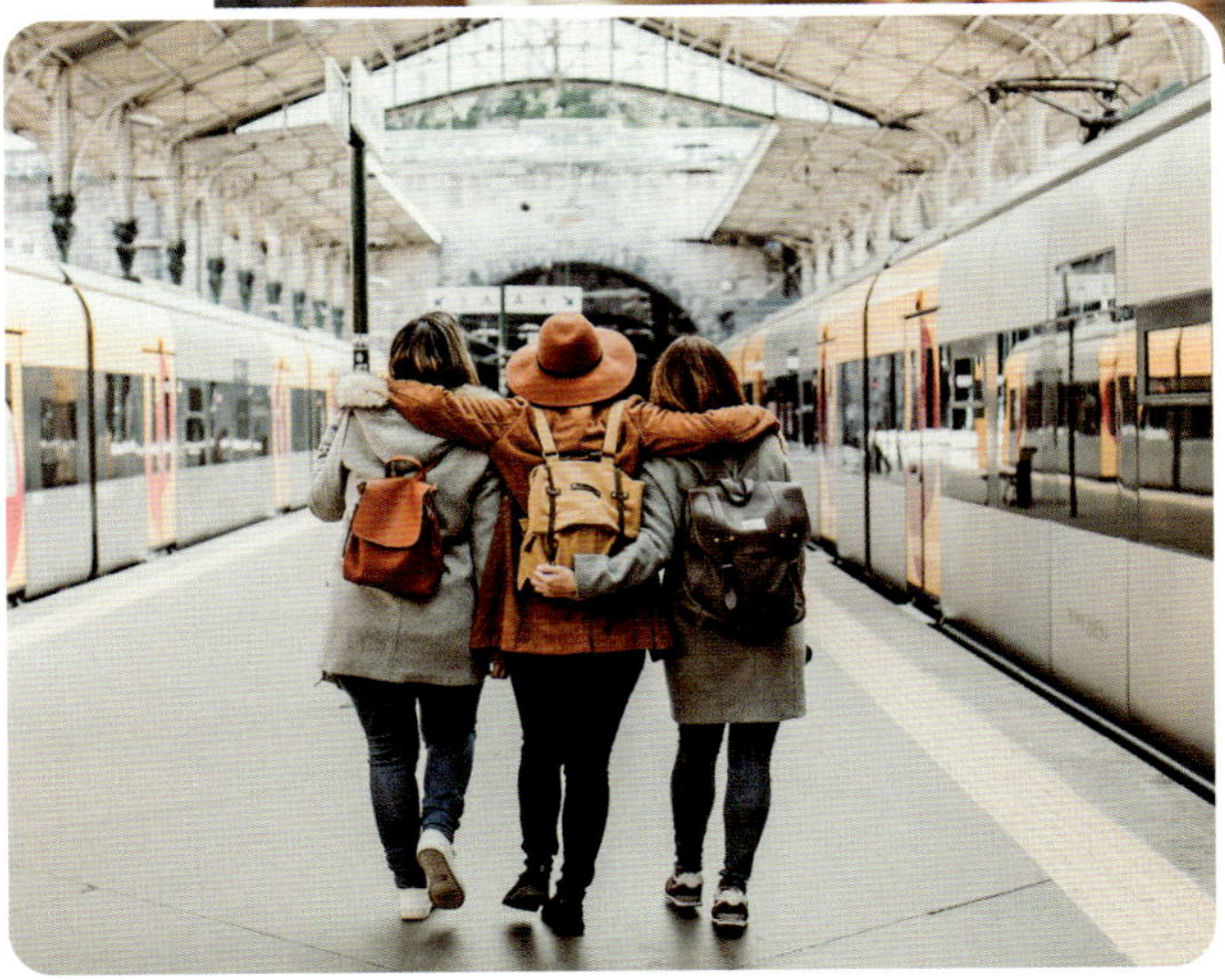

Chapter 6

全行動

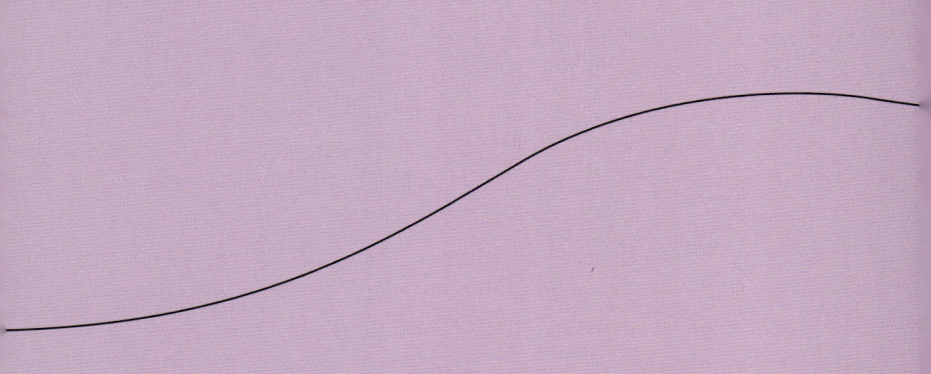

行動の4つの要素

選択理論では、すべての行動には目的があり、行為・思考・感情・生理反応という4つの要素が絡み合って行動が成り立っていると考えます。

あなたが部屋を片付けるよう何度も丁寧に頼んでいるのに、息子さんが無視を決め込んでいると想像してみましょう。怒りといら立ちを覚えたあなたは、床に散らかった汚い服をどかすよう怒鳴りつけます。

これは、あなたの上質世界にある息子さんの部屋のイメージ写真と部屋の実態にギャップがある状態です。これを「比較の場」と呼びます。

「全行動」は、先に述べたように、４つの切り離せない要素で構成されています。

● 行為
● 思考
● 感情
● 生理反応

自分の望みを叶えるための行動

この中で、あなたが直接コントロールできるのは、行為と思考だけです。つまり、気持ちや身体の感じ方を変えたいなら、自分が行っていることや考えていることを意識的に変える努力をしなければなりません。

選択理論では、その時点で自分が望むことを叶えるための最善の試みが表れているのが行動であると考えます。つまりあなたは外からの刺激に反応して行動しているわけではあ

りません。常に自分の望みを叶えるために能動的に行動しているのです。

上質世界にある自分の望みに注意を向けると、あなたは現実世界を見回して、それを叶える方法があるか確かめようとします。そして、望みが叶えば気分が良くなります。

もし望みが叶わなければ、あらゆる選択肢を考え始めます。何をすると決めるにしろ、あなたは望みが叶う可能性が最も高い、自分にできる最善の行動を選択しているのです。

前述の例では、母親であるあなたの上質世界には、床に服が散らかっていない片付いた息子さんの部屋のイメージ写真がありました。その写真の状態を実現しようとして、怒鳴りつける選択をしたのです。

怒鳴りながら怒りといら立ちも感じていました。息子さんに尊敬されていないと考えて、身体の生理反応として、血圧もコルチゾール値も心拍数も上がっていたでしょう。

もし息子さんに対する期待や接し方を変えていたら、それほどいら立つことはなかったと思いませんか？

全行動を理解すれば、気分が良くなるために適切な変化を起こすことで、人生の舵を取る力が手に入ります。

まずは、行為と思考を少しだけ変えて、あなたの人生が満ち足りたものになる様子を観察してみましょう。

Exercise 6

変化を起こす4.5通りの方法

自分がコントロールできるのは自分自身の行動だけだと理解することが、選択理論の基本前提です。でも、それはあなたの望みを犠牲にして、相手の好きなようにさせるという意味ではありません。

あなたの望みがもっと叶うような変化を起こす方法があります。

- **相手にしてほしいことをお願いする**
- **自分の行動を変える**
- **自分の知覚や状況の捉え方を変える**
- **自分の望みを変える**
- **望みが叶わない場合、それが叶ったらどの欲求が満たされるか考えたうえで、その欲求を満たす別の方法を見つける**

たとえば、ハードな一週間を過ごしたあなたは、金曜の夜は料理から解放されて、外食したいと考えているとします。右のアドバイスに沿って、自分の欲求を満たす方法の見極め方を確認してみましょう。

1 相手にしてほしいことをお願いする

夫に金曜の夜は一緒に外食したいと伝えます。遠回しではなくストレートにお願いしてみましょう。

2 自分の行動を変える

夫は家で過ごしたいと思っているとします。あなたの行動を変えるなら、外食したいと夫に頼むのはやめ、夕食のデリバリーを利用する計画を立てましょう。

3

自分の知覚や状況の捉え方を変える

夫が外食を嫌がっていることへの自分のいら立ちを自覚しましょう。そのうえで「人間関係を築く習慣」を実践したいなら、夫の拒絶に対する自分の反応について自問します。

「夫は自分を愛していないに違いない」、「夫は自分勝手だ」、「夫のために一週間家事をしてきたのだから、これくらいの頼みは聞いてくれていいはず」、あなたは自分にそう言い聞かせていませんか？　これらはすべて夫に批判をぶつける選択です。

もっと違った見方はできませんか？　夫の立場になって、夫が家にいたいと思う動機を考えてみましょう。

彼は家であなたと二人きりで親密な時間を過ごしたいのかもしれません。自由の欲求が強いのに、一週間ずっと人と仕事をしてきたので、家で羽を伸ばしたいだけとも考えられます。

あるいは、生存の欲求が強く、外食にお金をかけたくないのかもしれません。金曜の夜に家で何かすることを、一週間ずっと楽しみにしていた可能性もあります。

知覚を変えれば、もっと思いやりのある見方ができるようになり、自分は望んでいるものをすでにたくさん手にしていると気づけるでしょう。

4

自分の望みを変える

たとえば、「ひどく疲れているから外出できない」、「その夜はテレビでのんびりスポーツ観戦するのを楽しみにしていた」と夫から言われたとします。

あなたはよく考えた末、自分の本当の望みが、夫と充実した時間を過ごすことと、料理から解放されることだと結論づけます。そうしたら、外食にこだわるのはやめて、夫が本当に喜ぶことは何か考えてみましょう。

やはり料理をする気分でなければ、二人で美味しく味わえるものを買いに行く提案をしてみましょう。そうすれば、テレビでお目当てのスポーツ観戦をする夫の隣で、あなたものんびりと過ごせます。

4.5 望みが叶わない場合、自分の欲求を満たす別の方法を見つける

夫が楽しみにしているスポーツ観戦にあなたはまったく興味がないとします。その夜二人で過ごせなくなるのは残念だとしても、あなたは料理から解放されて、外出したいと思っています。それならば、その欲求を満たす別の方法を探しましょう。この機会に友人を食事に誘ってもよいでしょう。

あなたが望んでいながら実現できていないことを考えてみてください。このエクササイズを行って、望みを叶えるため、あるいは少なくとも欲求をもっと満たすために、どのような変化を起こせるか見極めましょう。

人は変えられない
でも自分は変われる

選択理論の概要をお楽しみいただけましたか？

本書では新しい概念もいくつか紹介しました。エクササイズをまだ行っていなければ、前に戻って今すぐに取り組んでください。そのうえで、学んだことを実践してみましょう。

本書は、選択理論を世界に広めるというグラッサー博士の使命を追求する取り組みの入門書にすぎません。さらに詳しく学びたい方には、選択理論のグラッサー・インスティテュート（GIFCT）が提供する他の教材もあります。これらは選択理論をプライベートでも仕事上でも日々の生活に取り入れるのに役立ちます。そして、いったん取り入れれば、選択理論なしにこれまでやってこられたことが不思議に思えるはずです！

まずは、グラッサー博士の著書を読んでみましょう。ウィリアム・グラッサー・インクのウェブサイトから購入できます。

https://wglasserbooks.com/books/

ウイリアム・グラッサー　William Glasser

医学博士。1925年生まれ。ウエスタン・ケース・リザーブ大学医学部で博士号修得。精神医療の新しいアプローチ『現実療法（リアリティ・セラピー）』を著し、広く影響を与えるとともに、精神科医として幅広く活動。公教育に関心を持ち、教育で上質を追求する改革を試み、『クオリティ・スクール』を著した。クオリティ・スクールの取り組みは全米で250校にわたり、明確かつ高度な基準があるにもかかわらず、それを達成してクオリティ・スクールの認証を受けた学校が出現している。また、選択理論を地域社会に浸透させる試みがニューヨーク州のコーニングで始められ、各地に飛び火する気配がある。グラッサーのアイディアは、カナダ、オーストラリア、アイルランドのような英語圏だけでなく、ロシア、クウェート、イスラエル、韓国、シンガポール、フィリピン、イラン、マレーシアにも広がりを見せ、60数か国に広がっている。日本では1986年以来集中講座が開催されている。2013年8月、88歳で他界した。著書に『グラッサー博士の選択理論』『テイクチャージ 選択理論で人生の舵を取る』（ともにアチーブメント出版）がある。

［訳者］

矢島麻里子　やじま・まりこ

翻訳者。東京女子大学文理学部卒業。主な訳書に『脳と身体を最適化せよ！「明晰な頭脳」「疲れない肉体」「不老長寿」を実現する科学的健康法』（ダイヤモンド社）、『考えすぎない練習』『最高の脳で働く方法』『さあ、本当の自分に戻り幸せになろう　人生をシンプルに正しい軌道に戻す9つの習慣』『ポジティブ・インパクト　まわりにいい影響をあたえる人がうまくいく』（以上、ディスカヴァー・トゥエンティワン）がある。

アチーブメント出版

X（旧twitter） @achibook
Facebook https://www.facebook.com/achibook
Instagram achievementpublishing

より良い本づくりのために、ご意見ご感想を募集しております。

Little Book of Choice Theory
あらゆる人間関係がうまくいく 選択理論の魔法

2024年（令和6年）12月7日　第1刷発行

著　　　者　GLASSER INSTITUTE for CHOICE THEORY
訳　　　者　矢島麻里子

発　行　者　塚本晴久
発　行　所　アチーブメント出版株式会社
〒141-0031 東京都品川区西五反田2-19-2 荒久ビル4F
TEL 03-5719-5503／FAX 03-5719-5513
https://www.achibook.co.jp

ブックデザイン　轡田昭彦＋坪井朋子
帯　写　真　©clack/plainpicture/amanaimages
翻　　　訳　矢島麻里子
翻訳協力　株式会社トランネット https://www.trannet.co.jp/
校　　　正　株式会社ぷれす
印刷・製本　株式会社シナノ印刷

ISBN978-4-86643-162-8
落丁、乱丁本はお取り替え致します。